저는 지금 천사를
만나고 있습니다

저는 지금 천사를 만나고 있습니다

초판 1쇄 발행 2024년 01월 11일

지은이 김건륜
펴낸이 장현수
펴낸곳 메이킹북스
출판등록 제 2019-000010호

디자인 최미영
편집 최미영
교정 안지은
마케팅 김소형

주소 서울특별시 구로구 경인로 661, 핀포인트타워 912-914호
전화 02-2135-5086
팩스 02-2135-5087
이메일 making_books@naver.com
홈페이지 www.makingbooks.co.kr

ISBN 979-11-6791-476-7(03810)
값 13,500원

ⓒ 김건륜 2024 Printed in Korea

잘못된 책은 구입하신 곳에서 바꿔 드립니다.
이 책의 전부 또는 일부 내용을 재사용하려면 사전에 저작권자와 펴낸곳의 동의를 받아야 합니다.

홈페이지 바로가기

메이킹북스는 자자님의 소중한 투고 원고를 기다립니다.
출간에 대한 관심이 있으신 분은 making_books@naver.com로 보내 주세요.

저는 지금 천사를 만나고 있습니다

김건륜 시집

메이킹북스

[추천사]

　만나는 모든 사람들에게서 천사를 발견하고 무심히 지나칠 수도 있는 사물과 자연에서 천사를 닮은 선함과 사랑을 끄집어낼 줄 아는 순수의 시인!

　그의 첫 시집 탄생을 축하하며 앞으로도 늘 '큐비츠'의 행복을 누리고 또 확산시키길 바랍니다.

　'앞사람이 흘리고 간 행운을 줍는다고 생각하라'는 그의 시 '줍깅'에서처럼
　늘 새롭게 솟아나는 긍정과 감사와 희망의 에너지로 일상의 삶을 가꾸고 키우면서
　주위에 빛을 밝혀주는 생활 속의 시인이 되시길 바라며 기도의 꽃 한 송이 놓아 드립니다.

- 이해인(수녀, 시인)

[추천사]

   개인적으로 시인이라 함은 살아가는 모든 순간 함께하는 풍경을 시의 소재로 적극 활용해야 한다고 생각한다. 그래서 나는 독자들께 시를 "일상의 꽃"이라 이야기한다.

   이러한 느낌을 잘 담은 시집이 바로 김건륜 시인의 시집이다.

   스쳐가는 일상의 순간들일 수 있으나 저마다 배여 있는 사물의 느낌을 자신만의 감성을 담아 잘 옮겨 놓았다.

   또한, 쉽게 놓치고 지나칠 수 있는 작은 사물에서조차 그의 온전한 마음을 담아 시적으로 아름답게 표현하여 읽는 이들을 감탄하게 한다.

   무심코 스쳐갈 수 있는 일상의 감정을 느껴보고 싶다면 김건륜 시인의 시집을 적극 추천한다.

- 전경섭 (시인) -

[추천사]

처음 한두 편을 읽었을 때는 깨닫지 못했다.
하지만 열댓 편을 넘겼을 때 즈음 비로소 알게 되었다.

'여기에 우리의 삶이 통째로 다 들어가 있구나…'

작가는 우리가 마주치는 일상의 작은 부분들을 놓치지 않는다. 잊었던 감정들을 끄집어내 추억하게 해준다. 나를 다시 꿈꾸게 해준다. 앞으로 나아가게 해주다가도 뒤를 돌아보게 만든다. 달리게도 해주고 쉬게도 해준다. 과거와 현재, 미래를 넘나드는 타임머신 같기도 하다.

작가가 어떤 사람인지 어렴풋이 보인다. 삶의 작은 순간들을 허투루 대하는 법이 없을 것이다. 한없이 따뜻해서 앞에 있으면 순식간에 무장해제될지도 모르겠다. 대화를 나누면 어느덧 내 모든 것을 털어놓고 있는 나를 발견하지 않을까.

무심코 읽기 시작했다가 마지막 편까지 읽고 나서야 읽기를 멈출 수 있었다. 은근슬쩍 다가와 나도 모르는 사이 어느덧 절친이 돼 있던 옛 친구가 떠오른다. 가족들도 보고 싶어졌다. 자꾸 누군가를 만나고 싶어진다. 소리 없이 다가온 글이 자꾸만 내 몸과 마음을 움직이게 한다.

이제는 웃어도 얼마든지 웃을 수 있고 울어도 한없이 울 수 있을 것 같다. 가벼운 미소부터 함박웃음까지, 눈시울이 살짝 붉어지는 정도부터 대성통곡까지 다 아우른다. 나도 내 선택이 궁금하다. 나는 이제 웃을까. 울게 될까.

- 김나진(작가, MBC 아나운서)-

시인의 말

　밤사이 내린 단비로 나뭇잎은 더욱 푸르릅니다. 이 시대에 한 편의 좋은 시를 읽을 수 있는 것은 눈물겨운 기쁨이라고 말했던 어떤 분이 생각나는 아침입니다. 소음 충만한 세상에 소음 하나 더 보태는 건 아닐까 두렵습니다만 소음으로 읽어내지 않을 그대들의 반어적 독법을 기대해 봅니다.

　제가 세상을 향해 작은 창 하나 내기로 한 것이 이름하여 시입니다. 외롭고 가슴 아픈 이들에게 마음을 열어주는 그런 따뜻한 시집을 만들고 싶었습니다. 좋은 시들이 전해주는 변치 않는 여운은 세월이 흘러도 시대가 바뀌어도 변함없이 우리를 감동시키기 때문 아닐까요? 시의 뼈대는 진심이며 공허한 낱말의 짜깁기는 한낱 언어유희라 여기는 소이도 여기에 있습니다. 저의 시는 진실된 마음이 시키는 대로 얼굴을 내밀었습니다. 기쁨, 사람, 인생, 아름다움, 인정을 어린아이와 같은 심성으로 표현했기에 알쏭달쏭하지가 않을 것입니다. 그 누구든 편안한 마음으로 나를 만나듯 시를 만날 수 있게 되길 바랍니다. 시를 쓰는 동안 저는 무한히 행복했습니다.

　추운 겨울 끝자락, 뿌리 깊은 나무들은 봄이 오는 길목에 서서 두 팔 벌려 파릇한 잎을 피웁니다. 저의 삶도 그처럼 꿈속에서 현실 세계로 나와 꽃피울 것을 믿습니다.

그동안 긴 기다림과 노고를 마다하지 않으신 사랑하는 부모님과 항상 넉넉한 마음으로 힘이 되어준 여러 문우들과 제자들의 얼굴을 떠올려 봅니다. 아직은 어디에 내놓기에 부족한 시집이지만 추천사를 써주신 분들 -저의 문학적 모태가 되어주신 이해인 수녀님과 김나진 님과 전경섭 님- 그리고 이 시집이 세상에 빛을 볼 수 있도록 수고하여 주신 메이킹북스 장현수 대표님 외 여러분들께 진심으로 감사드립니다.

    일상 속의 한줄기 햇빛처럼 찾아온 시 한 편을 좋아함으로써 제 직무와 저 자신에게 더욱 충실하겠으며, 만나게 될 사람과 자연을 더욱 사랑하겠습니다. 이 시집이 저를 아껴 주시는 모든 분들께 한 점 바람, 햇살이 되기를 바랍니다. 이 글을 읽고 계시는 천사 여러분! 참으로 고맙습니다.

차례

04 · 추천사
08 · 시인의 말

1부 행복에 가까워지세요

16 · Amor pati
17 · 풀꽃
18 · 목련에게
19 · 찾아보는 행복
20 · 내일(來日)
21 · 너에게
22 · 덤
23 · 기억하고 추억하는 일
24 · 사람들 사이에 나비가 날 때
25 · 준비 과정이 힘들게 여겨지는 학생들에게
26 · DJ가 드리는 위로
28 · 선생님들께
29 · 모두 다(多) 문화
30 · 줍깅
31 · 오히려 좋아
32 · 하얀 거짓말
33 · 편한 헌 옷
34 · 젓가락 형제
35 · 우주의 원리

36 · 비를 긋다
37 · 더 깊은 기도
38 · 행복에 가까워지세요

2부 모든 세상은 내 가슴에 있네

40 · 미나리 발견
41 · 국화를 보며
42 · 어느 단팥빵 장수의 일기
43 · 순두부에게
44 · 기적
45 · 마음 표현
46 · 잠 못 이루는 밤
47 · 너를 그리다
48 · 새처럼
49 · 작별
50 · 애절하다
51 · 바람
52 · 이음새 계절
53 · 가을이로구나
54 · 모든 세상은 내 가슴에 있네
56 · 이왕이면
57 · 모든 순간
58 · 인사
59 · 사진을 찍는다는 건
60 · have a 굿밤
61 · 화살 기도
62 · 추석

63 · 위함
64 · 삶에 지쳐 있는 당신에게
66 · 바다

3부 그날에 울던 그 매미 소리가 듣고 싶다

68 · 문득
69 · 기억하는 사람
70 · 우리의 하늘을 바라보아요
71 · 기억 속으로
72 · 그대가 그리운 하루
73 · 사랑 가득한 하리보
74 · 우정을 걷다
76 · 인심 좋으신 사장님
77 · 그리운 꼬마 시절
78 · 그 길
80 · 말하는 대로
81 · 송해 선생님을 보내드리며
82 · 보라색 꽃
84 · Dear. my family
86 · 하늘에서 보내온 편지
89 · 엄마가 너무너무 보고 싶은 날
90 · 엄마의 자리
92 · 할머니의 빠다코코넛
94 · 할머니의 영정 사진
96 · 외숙모의 콩시루떡

4부 그대 가슴이 푸른 하늘이 된다면

100 · 좋은 사람
101 · 있잖아
102 · 저 문
103 · 너의 봄이 되고 싶어
104 · 고슴도치의 사랑
105 · 고슴도치의 사랑 2
106 · 동행
107 · 내가 널 얼마나 좋아하는지
108 · 웃음이 물들어 나간다
109 · 큐비츠
110 · 나는 네가 좋다
112 · 당신처럼 좋은 사람도 없을 텐데
113 · 사랑의 단점
114 · 사랑이 아프다
116 · 너의 향기
118 · 추억도 사랑도 이별도 그때가 좋았어
120 · 사랑했던 날들만큼
121 · 사랑하는 마음
122 · 첫사랑
123 · 당신은 금방 오시겠죠?
124 · 핑크 렌즈 효과
126 · 6월의 꽃바람
127 · 깊은 슬픔(淚)
128 · 이별 image(꽃잎)
129 · 그대 가슴이 푸른 하늘이 된다면
130 · 그리운 그대에게

1부

행복에 가까워지세요

Amor pati

피어라
기뻐하라
사랑하라
살아라
두려워 마라
웃어라
감사하라

풀꽃

풀이 우거진
풀밭에 쪼그리고 앉아
오래오래
한참을 봐야
너를 만난다

아름다운
가을이다

목련에게

왜 그렇게 빨리 가니?
너를 만날 봄을 아주 오랫동안
기다려 왔는데…

왜 그렇게 빨리 가서
내 마음 쓸쓸하게 만드니?

아직은 네가 있어야 더 좋을
널 닮은 새하얀 봄인데

너를 만났던 그날은
유난히 따뜻했고
유난히 향기로웠어

슬프도록 아름다워
눈부신 어느 봄날

찾아보는 행복

어떤 행복도
스스로 받아들이지 못하면
내 것이 될 수 없겠죠?

그러니
지금 행복하다고
모든 것이 감사하다고
말해보는 건 어떨까요?

자꾸 되뇌다 보면
보이지 않던 행복이
조금씩
보이기 시작할 테니까요
조금씩
말을 걸기 시작할 테니까요

내일(來日)

나에게 다시 올
내일이 있다는 것은
참 좋은 일입니다

넘치는 햇살의 은총은
가슴에 한 아름 안아
기쁨으로 출렁이고

내일이 오면
하루를 어떻게
보낼 것인가
생각할 수 있다는 것은
참 행복한 일입니다

내일을 기다리는 마음 안에
잉태하는 푸른 넋을
키우고 있는
오늘은 축복받은 날입니다

너에게

별을 보고
걸어가는
사람이 되어라

언젠간
봄눈이 내리는
좋은 순간이
오겠지

슬픔도
사랑으로 바꿔
희망을 품는
사람이 되어라

언젠간
꽃비가 내리는
좋은 순간이
오겠지

덤

덤은 평범한 것 같지만
엄청 따뜻하고 좋은
인심이고 정입니다

기억하고 추억하는 일

'함께 들었던 음악을 들으면
그 시절의 너를
추억할 수 있어서 감사해'
라며 20년 지기 친구로부터 온
문자 메시지

어떤 것을 기억하는 방법은
수만 가지이겠지만
그중에서도
누군가와 함께 들었던
음악을 통해
그 시절을 추억하는 것은
정말 따뜻한 마음
그 시절의 너와 내가
참 소중했었음을 다시금
알게 되는 계기가 된다

당신의
특정 시절을 기억하게 하는
사람은 누구이며
어떤 음악을 공유하셨나요?

사람들 사이에 나비가 날 때

사람들 사이에
나비가 날 때
어떤 나비인들
어떠하리

그 나비
흥에 겨워
있는 재주
없는 재주 부릴 때
사람들이
저절로 노래하게 된다면
어떠하리
저절로 춤을 추게 된다면
어떠하리

가슴 안에
함께 취하고 싶은
원색의 불꽃이
활활 타고 있다

준비 과정이 힘들게 여겨지는 학생들에게

운동선수가 좋은 성적을 내려면
실제 경기에 대비하여
평소보다 수천 수만 배
부단한 노력을 해야 하죠?

여러분들이 하고 있는
공부도 마찬가지일 거예요
다양한 과목의 성적을
잘 받으려면 보여지는 것 외에
많은 시간을 들여서
준비해야 할 것입니다

이 준비 과정에는
하기 싫은 과목도
분명히 있을 거예요
하지만 그 과정을 노력하여
이겨낼 수 있는 이유는
반드시 그런 인고(忍苦)의
시간이 있어야만
그 끝에는 내가 생각한
기쁨 이상의
행복이 있다는 걸 믿는
여러분 자신의
애틋한 마음이
있기 때문입니다

DJ가 드리는 위로

울적할 때
내 마음의 얼굴과 모양이 비슷한
슬픈 노래를 찾아
들은 적 있으신가요?

무심코 하는 이 행동이
정서에 도움이 된다고 해요

슬픈 노래의
낮은 음성과 느린 템포가
심장 박동수와 혈압을 낮춰주고
근육과 마음 긴장을
완화시켜 주지요

어떤 감정은
피하기보다는
마주하고 터트리고 배출해야만
편해지고 사그라들기도 하잖아요

그럴 때 슬픈 노래야말로
제한된 시간 안에
감정을 흘려보내기에
마음을 정화하기에
좋은 방법이 되는 거죠

힘이 드나요?
화가 났나요?
오늘은 어떤 음악이 당기시나요?
당신이 뭘 좋아할지 몰라서
다양한 음악을
준비해 봤습니다
내 마음의 얼굴에
꼭 맞는 노래 하나쯤
발견하시고
추억하시고

슬픔은 슬픔 그대로
흘려보내시고
맞이하게 될 기쁨은
간직하시고
당신의 하루에
작은 위로가 되길 바라며
뮤직 큐!

선생님들께

학생들의 마음 중심에는
선생님이 있습니다.

선생님의
언어, 어투, 인상, 표정, 시선에 따라
학생들의 마음속엔
쨍쨍한 해가 뜨기도 하고
폭우가 내리기도 합니다

어느 날
한 아이의 가슴에
별이 뜨는 순간이
분명 있습니다

그 반짝이는 별이
마음의 나침반
인생의 잣대
롤 모델이 되어
한 아이의 미래를 이끌어요

아이의 가슴에
별이 뜨도록 도와주는 것
선생님만이 할 수 있는
유일하고 고귀한 역할입니다

선생님만이
학생들을 이끌고
구할 수 있는
열쇠입니다

모두 다(多) 문화

그는 분명
우리말을 잘 '못'할 것이고,
우리 음식 먹는 것을 잘 '못'할 것이고,
우리와 어울리는 것을 잘 '못'할 거야

쉽게 생각해버릴 수 있는
'못'(be bad at)을 빼면
모두 다 잘 할 수 있다는 말이 됩니다

우리 모두가 앞장 서서
안타까운 생각인 편견의 '못'을 빼고
다양한 문화의 세상을
이끌어 가는 건 어떨까요?

무지개의
제각기 제 빛깔이
모두 한데 어우러져
큰 아름다움이 펼쳐지는
우리네 사람이 사는 세상 속으로

피부가 흰 사람이든
피부가 검은 사람이든
모두가 이 세상 지구인이기에
지구별을 여행하는
우리 모두는 한 배를 탄 좋은 동반자

우리 모두 다(多)양한 문화
모두 다(多) 우리
우리는 하나라고 생각해보는 건 어떨까요?

줍깅

오늘 하게 될
줍깅은
'타인이 떨어트린 행운을
내가 담아가는 것'이라고
생각해보는 건 어떨까요?

생길 거예요
당신에게 좋은 일

오히려 좋아

오랜만에 만난 친구가
"내가 그토록 가고 싶었던 회사에
보기 좋게 떨어지고
전혀 상상도 못했던 회사에 입사했는데
오히려 좋아! 이렇게 나랑 잘 맞는 사람들이
많은 회사일 거라고 전혀 생각 못했는데
요즘 정말 즐거운 마음으로 일하고 있어."라고 말한다

살면서 예측 불가능함이
내게 좋을 확률이 얼마나 될까?
예측 불가능한 일이 꼭 나쁘지만은 않은 이유는
예상 못했던 일이
이렇게 보란 듯
긍정적인 변화를 가져오기 때문 아닐까?
'오히려 좋아' 이 말처럼
다가올 어떤 일도
긍정의 마음 자세로 받아들인다면
낮은 확률과 삶도
우리에게 긍정으로 화답할 거예요

하얀 거짓말

거짓말은 나쁜 거라고 배웠는데
오히려 세상을 평화롭게 하는
거짓말!
하얀 거짓말

편한 헌 옷

서로에게 찌르는 부분 없이
너무 꽉 맞아서 불편한 부분 없이
오래 입어서 늘어났지만
편해서 자주 손이 가는
이 헌 옷과 같은 관계
우리의 관계도 이렇게
은은했으면 좋겠어

젓가락 형제

오른손 다섯 손가락 사이사이에
살고 있는 또 다른 두 손가락

슬픔도 아픔도 함께하는
우리는 쌍둥이 형제

비틀거리는 우리가 불안해 보이니?
하지만 걱정 마
우리는 비틀거림 속에서만 배울 수 있는
규칙을 터득해 나가고 있거든

우주의 원리

진심을 다해서
누군가에게 베풀면
그 사람으로부터
보상을 받지 못하더라도
내가 생각지도 못한 사람에게서
도움을 받는 일이 생기는 법
만고의 진리

비를 긋다
: 비를 잠시 피하여 그치기를 기다리다
 (비와 관련된 우리말)

비가 내린 뒤 풀잎에 맺힌 빗방울은 '비이슬'
가루처럼 부스러지듯 오는 비는 '가루비'
빗발이 보이도록 굵게 내리는 비는 '발비'
한창 내리다가 잠시 빗발이 약해진 비는 '웃비'

오늘 당신의 마음에는
어떤 비가 내렸나요?
해가 조금 뜨기도 했나요?
우울하진 않았나요?
쉴 새 없는 장대비가 내렸다면
저와 함께 잠시
비를 긋고 가시는 건 어떨까요?

더 깊은 기도

기도 중에 기도를 합니다

지금 드리는 이 기도 외에

제가 미처 보지 못하고

생각하지 못하는 것에 대해서도

생각하고 기도하게 되는

더 넓은 사람이 되게 해 주십사 하는 기도

행복에 가까워지세요

뭐 하나 특별할 것 없는
오늘이었다고 하더라도
깊은 밤
편안한 마음으로
잠들 수 있었다면
그것만으로도
오늘의 행복 총량은
충분합니다

방지턱에 걸린 듯
마음에 턱하고 걸리는 일은
마음 먼지떨이로
훌훌 털어버리시고
행복에 가까워지세요

2부

모든 세상은 내 가슴에 있네

미나리 발견

봄 햇살 타고 온
미나리
옹기종기 모인
파란 꿈들은
양팔을 크게 벌려
바람 일렁이며
노란 그네를 탄다

아! 드디어 봄이구나

국화를 보며

무더위의 끝자락부터
추위의 입구까지
오랜 생명력
오랜 시간
함께해 주는 너는
정말 따뜻한 위로의 존재

어느 단팥빵 장수의 일기

저는 매일매일
직접 엄선한 팥을 손수 끓입니다.
팥을 끓이다 보면
아주 짧은 찰나에도
팥의 신비로움과 형용할 수 없는
기쁨과 감동의 순간을
경이로운 순간을
마주합니다

순두부에게

순두부야
네 살결은 물렁하지만
네 삶은 물렁하지 않음을 나는 안데이

그 어떤 이는
조금 더 단단한 삶을 살라고
말하기도 하겠지만

너의 그 뜨거운 열정
마음속을
나는 아니까
염려 말렴

너는 그 누구보다
어떤 면에선 단단하고
뜨겁단 걸
나는 잘 아니까

기적

네가 내 앞에 앉아
눈을 맞추며
함께 밥을 먹고
함께 차를 마신다는 건
실로 헤아릴 수 없을 만큼
큰 기적

마음 표현

나는 언제나
내 마음을 그때그때마다
잘 표현할 수 있는 것들에
큰 관심을 가집니다

돌이켜보면
삶에 있어서 매 순간
소중하지 않은 적이 없었기에
싱둥겅둥 지나칠 수 없지요

잠 못 이루는 밤

잠 못 이루는 밤은
내 이마에 걸린 초생달
고리에 매달려
밤바다 바라보며
그리움이 죄를 짓는 날
밤새도록 춤을 추는 날

너를 그리다

목마른 나무에
물을 주듯
언제나 촉촉한
너의 아름다운 사랑

따뜻한 정이 담긴
보랏빛 엽서를 보면
이 밤은
저 먼 별빛 속으로
초록밤이 되고

고독의 아픈 늪은
멀리 사라져 간다

새처럼

귀엽고 날렵한 맵시로
눈 시리게 하늘을 나는
엄마새를 따라가는 아기새

침묵하던 나무도
잠에서 깨어나
춤을 추고

쏟아지는 햇살에
한껏 출렁이며 멋을 부린
수목원에서

나도 한 마리 새가 되어
하늘 높이 끝없이
날아가고 싶네

작별

때론 절실하게
만나 왔던 것들이
이젠 모두 사라져 간다

조용히 눈감아도
소용돌이치는 가슴 안에
의식은 방황하고 있고
순간은 고갈되고
반짝임은 사라진다
수풀이 죽고
허파가 쓰라린다

봄볕의 유혹으로
그림자를 따라나선 바람이
연약한 산들바람이 되어
이 계절을 차갑게 돌아선다
바람이 분다

애절하다

살아 있는 것들은
다 애절하여라

꽃이 보이지 않아도
봄비 내리고

어느 여름
그 하얀 배꽃잎이
따사로운 햇살 머금은 채
보드라운 한 줌
흙이 되어 가고

단풍 들지 않아도
가을 바람이 불고

눈이 내리지 않아도
꽃샘추위가
찾아오는 걸 보면

아무 일 없는 듯
살아 있는 것들은
다 애절하구나

사랑과 노래
증오와 고통
아픔과 미련까지도
조금은 배워 온 듯한
계절이다

바람

바람은

좋은 마음을 가질 때
산들바람을 불게 하고

나쁜 마음을 가질 때
칼바람을 불게 한다

당신 마음속에는
어떤 바람이
더 많나요?

산들바람인가요?
칼바람인가요?

이음새 계절

봄, 여름, 가을, 겨울
사계절 사이사이에
숨어 있는 작고 작은 이음새 날씨
티셔츠 한 장이면 충분해 보여도
가방에 나와 함께 동행하는 얇은 외투

햇볕이 강렬히 내리쬐다가도
금세 시원해지는 이 살랑바람이
아직 우리에게 이음새 계절이
함께 남아 있다고 속삭이며
말해주는 듯하다

지금 이 반쪽짜리
이음새 계절 한 장을 넘기면
다음 계절의 한가운데로
들어서게 되겠지?
다가올 여름의 필름에는
어떤 색 추억을 담게 될까?

햇살은 황금빛 축복을 안고
이음새 계절의 길목을 지킨다

가을이로구나

가을이로구나
선득한 바람
내 마음에 들어와
잔잔한 노크했다는 것은

10월이로구나
호박꽃
탐스러운 네 얼굴
고즈넉한 가슴에
한가로이
시선을 고정했다는 것은

가슴 가득
채워지는 충만한 결실
바라보는 설렘으로
영그는 밭에
서 있으면

흘린 향기 속에 묻혀
학이 되어 날고
낙엽이 되어 떨어지고

아 가을이로구나
사랑 가득한
함박웃음 네 얼굴에
추웠던 내 마음
따뜻해졌다는 것은

모든 세상은 내 가슴에 있네

나를 둘러싸고 있는
얼룩진 어두운 하늘
지난날의 많은 후회들
다가올 내일에 대한
낯선 두려움

하지만 내 마음
이제 모두 다
무거운 옷을 벗고
춤을 추며
잔치를 벌이려 하네

이젠 꽃들도 내게
미소 한 다발
마음 가득한 선물을 주고
구름을 달래
나온 파란 하늘 닮은 추억들과
미소 짓는
아름다울 나의 미래와

서두르라 말하지 않아도
사색의 징검다리를
돌아와 부는 바람

눈을 감고 잠이 들면
온 세상은 솜사탕처럼
달콤한 꿈

씩씩해진 내 곁에
이제 모든 세상은
내 품에 있네
내 안에 있네
내 가슴에 있네

이왕이면

이왕이면 정성껏
이왕이면 보기 좋게

기왕 하는 거
이왕이면 좀 더 예쁘게
이왕이면 좀 더 열심히
이왕이면 좀 더 희망차게

'이왕'
이 마법의 접두사에
담긴 여러 가지 의미는
그 일을 다 마친 뒤에
누군가의 마음에 선물처럼
전달되리라 생각해요

내가 어떤 마음을 가지고
사느냐에 따라 결과물과
그 일을 통해 만나는
사람들의 표정
나를 바라보는 시선은
분명히 더 따뜻할 거예요

모든 순간

순간순간을 즐기라는 말
모든 건 지금부터라는 말
너무 뻔하고 당연해서
잊고 살지만
절대 반박할 수 없는 말

지나온 날들은 가끔 꺼내 보고
앞으로의 날들은
차차 계획하도록 해요
그리고 지금 이 순간부터
최선을 다해서 즐겨요

인사

"안녕하세요?"
"네. 안녕하세요?"
주거니 받거니가 있어야
한결 더
반가워지는 인사하기

나를 낮춰
인사를 건네면
그 덕으로
내가 올라가는
인사를 한다

우리 모두
서로 반가워지는
인사를 한다

사진을 찍는다는 건

지금 이 순간을
절실히 사랑한다는 것

have a 굿밤

잠들기 전 그날 하루의
즐겁고 좋았던 점을 되새김질하면
행복감과 자존감이 높아지고
잠자는 동안에도
그 좋은 감정을 강화시켜 준대요

소중한 당신
오늘만큼은 좋았던
순간만을 떠올리면서
잠자리에 들게 되면 좋겠습니다

만약 영 별로인 하루였대도
실망하거나 걱정하지 마세요
내일 밤 잠자리에 드실 땐
다시 생각해도 입꼬리가 올라가는
즐거운 일이 생길 겁니다
꼭이요

화살 기도

제 기도가 저 하늘에 닿아
꼭 이뤄질 수 있도록 해 주세요

추석

가을 바람 가을 구름 타고
그리운 사람들 곁으로
빠르게 빠르게
가볍게 가볍게
날아가고 싶은 날

출렁이는 가슴 안으로
고향과 동심을 노래하며
찾아가는 날

위함

남을 위하는 것이
나를 위하는 것이다

삶에 지쳐 있는 당신에게

아름다운 당신!
하루 동안 마주하게 된
많은 사람과 시간 속
온갖 이야기와 자극들로 인해
마음이 많이 지쳐 보이네요

자신도 모르게
남을 시기 질투하고
상처를 주고받고
설명할 기회 없이 오해도 받고
곱지 않은 마음이
만들어지기도 하지요?

언제나 좋은 것만 보고
들을 수만은 없겠지만
그중에 좋은 것만 골라골라
마음속에 담으려고
노력해 보는 건 어떨까요?

마음 아픈 이야기는
멍울진 상처로 남지 않도록
어서어서 멀리 흘려보내고
좋은 말과 행동
아름다운 생각을
가까이하려고
노력하고 애쓰다 보면
어느새 당신의 삶이

한결 더 반짝반짝할 거예요
별처럼요

바다

바다여
당신은 도대체 어떤 마력을 가졌기에
당신을 만나는 사람들 모두
흥분하게 만드시는지요?

먼 발치에서 당신을 보는 순간
당신을 바라보며 머무는 시간들
당신이 곁에 있는 모든 순간순간마다
제 마음속에 요동치는
이 순수의 출렁거림을
당신은 도대체
어떻게 만들어 주시는지요?

3부

그날에 울던
그 매미 소리가 듣고 싶다

문득

문득
생각나서
전화했어요

내 마음속에
아롱지는
해운대 바다는
여전히 잘 있는지

예전처럼
당신이랑 함께
걷고 싶어서
전화했어요

기억하는 사람

울긋불긋 단풍이 든
아름다웠던 가을을
잊지 않고 기억하는 사람은

우수수 낙엽이 지고
마음 추워지는 가을이 와도
그때의 그 아름다웠던
추억을 머금고
외롭지 않게 살아 나간다

우리의 하늘을 바라보아요

가슴이 부풀어 오르네요
그대가 지금 내 곁에 있어서

그대의 손을 잡고
걸어갈 때면
많이 설레는데
지금 이 순간을
좋아해도 되는 거죠?

지친 내 마음에
그대라는 선물이 들어와
내 모든 걸 바꿔준
이 사랑을 오래도록
지킬게요

나를 편안한 의자라 생각하고
언제라도 내게 기대요
그대 마음 편히 쉴 수 있게
위로해 줄게요
웃게 해 줄게요

내 마음이 말하는
내 눈을 바라보아요
우리의 하늘을 바라보아요

기억 속으로

산들 바람내 나는
초록빛 꿈을 꾸던 시절의 기억이
이제는 희미해져 가는 것 같다

그래도
그 시절 푸르렀던 나의 꿈을
잊고 싶지 않아
엄마 치맛자락 잡던
유년 시절의 내 모습마냥
그 꿈 기억의 끝자락을 잡는다

언제나 내 마음속 한 자락에서
꿈틀대고 있는 초록빛 꿈

오늘도 그 꿈
잊지 않기 위해
그때 그 시절의 기억 속으로
걸어간다

봄이 오는 소리 닮은
나의 푸르렀던 꿈을 따라서
그때 그 기억 속으로

그대가 그리운 하루

그대가 그리워 목마른
사막 한가운데
길을 잃고
너무 멀리 와 버렸어요

그대를 향한 그리움
어디까지일까요
얼마나 더 가야지
그리운 그대 앞에
와 닿을까요

길을 잃고
너무 멀리 왔어요
조금 더 가면
그리움의 종착지도
언젠가 만나지겠죠

이렇듯
내 마음 깊은 곳에
박혀있는 그대 기억을
빼내 버린다면
잊어버린다면
아마도
난 살지 못할 텐데
죽을지도 모르는데

그땐 또 그렇게
그대가 그리운 하루가
가고 있겠죠

사랑 가득한 하리보

이제는 가만히 계셔도
스마일상의 얼굴이 되신
원로 선생님께 다가가
"선생님 요즘 잘 지내고 계세요?"라며 여쭈니
더욱 스마일상의 얼굴이 되셔서
세상 다정하게 반겨주신다

얼굴은 대화를 나누고
손은 갑자기
가방 속으로 들어가더니
하리보 3봉지를 주신다
마치 '이거 꼭 먹어야 돼!'라는
무언의 압박과 함께

나는 이 큰 사랑을
또다시 누구에게 전할지
행복한 고민하게 되는
이팝나무향 가득한 어느 오후

우정을 걷다

친구야
네가 있음에
머나먼 여정도
미소 지으며
걸어갈 수 있어

많은 말 대신
우정어린 믿음 속에
다시금 함께하는 시간들이
나를 살게 하는
큰 힘이 되고 있어

친구야
너를 생각하면
세상은 어느새 봄이 되어
푸른빛 들판으로 뛰어나가고픈
내 마음 아니?

아파도 해맑게 웃으며
봄처럼 더욱 따뜻한 사람 되어
너에게 가고파진다

크나큰 창공 닮은
우정이란 이름의
찬란한 축복 속에
자꾸만 불러보고픈
별 같은 우리 이름
친구!

우정은 때로
사랑의 마음보다 더욱 큰
위력이 있다고 나는 믿고 싶어

우리를 그리는 내 우정 연가
세상 향해 매일 외치는 네 희망 연가
저 하늘에 박히길
오늘도 두 손 모아 기도할게

인심 좋으신 사장님

이 식당에 갈 때면 항상
반찬이 푸짐해서
감동했었는데

시간이 흐를수록
팝콘, 매실차, 아이스크림, 라면 등
손님들을 위한 서비스가
늘어나던 가게

계산을 하며 사장님께
"사장님 인심이 정말 좋으세요.
이렇게 다 퍼주시면 사장님께
얼마 안 남을 것 같은데요?"라고
말씀드렸더니

"코로나 전에 많이 벌어놔서 함께 나눠 먹으며
채워나가면 돼요!"라고 감동에 감동의 답을 하셔서
사장님의 마음을 더욱 존경하게 되고,
나도 꼭 사장님의 인심을 본받겠다고 다짐했던
어느 마음 따뜻했던 날
인심 좋은 배추흰나비가 춤을 췄던 날

그리운 꼬마 시절

내가 꼬마 시절
시골 할머니 댁에 가서
자고 일어나면
항상 "엄마" 하고 엄마를 찾았는데
엄마가 멀리 계시거나
바깥 볼일 보러 가고 안 계시면
할머니께서 "어이~" 하고
대답해 주셨다

그 당시
할머니께서 대신한 그 대답이
참 싫었는데
어른이 되고 난 지금은
가끔 할머니의
그 대답과 마음을
가까이에서 듣고 보고플 때가 있다

소쿠리에 담긴 수건엔 할머니 향 솔솔 나고
시냇가 물비린내 살살 나고
매미 울음소리 맴맴 울리던
고추잠자리 윙윙 하늘을 날던
푸르렀던 나의 유년 시절
그리운 그 시절

그날에 울던
그 매미 소리가 듣고 싶다

그 길

울퉁불퉁
꼬불꼬불
우산재 산골 마을을 끼고
할머니 집 가는 길

시냇가 수영하며
다 익은 살
새카만 콩이 되고
달콤한 수박과
새콤한 자두로
배 채웠던 시절

나뭇가지에
와서 우는
새소리가 좋아

떨어진 밤을 주워
화롯불에 구워 먹고
할머니 집에서
눈썰매를 타던 그 시절

돌아보면
돌길은 어느새
코스모스 길이 되고
뻥 뚫린 자동찻길
사라진 큰 나무와 그네
가지 잘린 감나무 지나
이름 모를 꽃밭 지나
내 놀던 시냇가는 어디 가고
내 놀던 나무 그네는 어디 가고
도착한 할머니 집

그리움만 쌓이는
그 시절 그 모습
그 길은 어디로 갔을까

말하는 대로

'오랫동안 꿈을 그리는 사람은
마침내 그 꿈을 닮아간다.'라는
앙드레 말로의 말처럼
우리가 하는 말도
아마 비슷할 겁니다

긍정적인 말을 자주 하다 보면
힘든 일이 닥쳐도
한 번 더 좋은 쪽으로
생각해 보게 되구요
부정적인 말을 자주 하다 보면
아무리 상황이 좋아도
안 좋은 쪽으로만
생각하게 되지요

당신이 지금 보고 있는 것
머릿속에 지속적으로 떠올리는 것
그것이 바로 당신이고
당신의 삶과 인생 통로를
만들어 가리라 생각해요

일이 뜻대로 풀리지 않더라도
"에이 뭐 어때?
그래도 세상은 아직 살 만하잖아?"라고
되뇌어 보는건 어때요?
우리가 말하는 대로 이루어질 겁니다

송해 선생님을 보내드리며

일요일의 남자, 송해 선생님이
함박산 옥연지에 영원한 잠에 드셨네
만인의 연인답게 당신을 향한
그리움 행보는 끊이지 않네요

유년 시절 시골 할머니 댁에 가면
브라운관 티브이가 있던 그 시절부터
봐 왔던 인기쟁이 할아버지
당신을 기억하겠습니다.

"송해 선생님!
'땡 모르면 딩동댕 모른다!'던 명언
가슴 깊이 새기고 살겠습니다.
이제 전국노래자랑 아닌 '천국'노래자랑 외치시며
그토록 뵙고팠던 어머님, 아드님과 함께
선생님께서 행복한 아이였던
그 어느 푸르렀던 날처럼
도란도란 행복하게 지내세요."

보라색 꽃

꽃바람
살랑살랑 내 마음
간지럽힐 때
우연히 만난 보라색 꽃

쉽지만은 않은
삶을 보여주듯
갑절이나 큰 바위틈에
당당히도 피어 있구나
문득 너의 이름이
궁금해진다

보라꽃이라 부르기엔
너만이 가진 예쁜 이름을
존중해 주고 싶어
더더욱 이름을
알고 싶구나

그래
네가 보여준
힘겹지만 당당한
멋진 모습처럼

삶은 힘겹지만
아름답게 피어
당당히 내보이는
씩씩함이라고

아프고 때론
눈물겹지만
멋지게 피어
남에게 희망 주는
굳건함이라고
그렇게 위로하며 살게

마지막까지
씩씩하고 굳건한 모습
내게 보여 줘

때론 힘들고
지친다고 고백해도 돼
난 언제나 너의 편이
되어주고 싶으니

Dear. my family

다시 돌아가고 싶은
어렸던 시절 나의 시간들
철부지였던 나의 모습들

이제 나도 어른이 된 건지
부모님 생각을 하면
이유도 없이 눈물이 나
가슴이 아파 오네

햇살 가득한 어느 여름
매미 울음소리
맴맴 울려 퍼지면
잘 익은 청포도 한 송이
내게 건네며
인자한 웃음을 지어보이던
가슴으로 받아주는
나의 부모님

처음부터 그냥
내 엄마, 아빠로
태어난 것만은 아닐 텐데

모두가 떨어져서
살아가고 있지만
언젠간 예전처럼
모두 함께 살아갈
행복한 그날들이
다시 내게 와
꽃피우리라 믿으며

뒤늦게 깨달은
가족의 소중함을
이제야 절실히 느끼며

철부지 시절을
돌이켜보면
후회스러운 일도 많지만
나의 가족에게
꼭 해주고 싶은 말
고마워요
진정 가슴으로 사랑해요

아프지 말고
건강한 모습으로
오래오래 곁에만
있어주세요
제가 원하는 건
그것 하나뿐이에요

내가 더 좋은 사람으로
잘 살게요

하늘에서 보내온 편지
(from. 뭉치)

형아 잘 지내고 있어?
엄마 아빠도 잘 지내고 계시고?
나는 하늘나라에서 건강히 잘 지내고 있어

우리 가족!
지난 12년 동안
더우나 추우나
항상 나랑 같이 놀아주고
산책해줘서 정말 고마웠어

나를 가장 많이 씻겨주고,
내 발톱을 잘 정리해 주신 아빠!
내가 아플 때 업어주시고
떠먹여 주셨던 죽의 맛을
지금도 기억하고 있어요
세상에서 가장 맛있는 죽이었어요

나랑 제일 많은 시간을 함께해 준 엄마!
내가 잠잘 때 이불 덮어주고
내 엉덩이를 두드려 주었던 기억이 생생해요
그때 엄마의 손길과 냄새를 아직도 잊지 못해서
가끔씩 자면서 눈물을 훔치곤 해요

늘 나와 함께 병원에 가주고
내 귀를 잘 정리해 주었던 큰형!
형의 다정했던 마음과 눈물들이 지금의 나를 있게 해
나를 위해 썼던 병원비 일부가
형의 비상금이었던 거 난 다 알아
정말 고마웠어

나를 마치 갓난아기로 여겨줬던 작은형!
형의 품에 안겨 있으면 이 세상 어떤 강아지보다
따뜻하고 행복했고
내 마음의 나팔을 마음껏 불 수 있었지
내 부드러운 느낌이 좋다며
하루 종일 나를 안고 다니기도 하고
내 머리를 너무 많이 쓰다듬어서
납작 만두 머리가 된 적도 많았지
난 이 세상에 부러울 것이 없었어
형이 잘 때 내가 지켜준다고 보초 섰던 게 기억나
어서 만나서 형을 또 지켜줘야 하는데….
요즘엔 업무가 좀 괜찮아졌는지 궁금해

우리 가족이 세상 최고야!!!
나를 많이 사랑해줘서 정말 고마웠어

요즘 날씨가 정말 좋아
창문 사이로 불어 들어오는 바람이
아주 선선해졌어

지난여름 정말 더웠지?
우리 가족들 시원한 바람 맞으며 지낼 수 있도록
어서 가을이 왔으면 좋겠다

형아
가족들에게 이제 내 걱정은 하지 말라고 전해줘
난 이곳에서 다른 강아지들이랑
사이좋게 잘 지내고 있거든

아주 먼 훗날
우리 가족들이 내가 있는 곳으로 올 때
내가 제일 먼저 마중 나갈게
그때까지 모두 안녕
사랑해

엄마가 너무너무 보고 싶은 날

지난 내 추억 하나하나 모아
지난 내 재미난 이야기 하나하나 모아
꽃가지 옆에 두고
통팥송편 만들어 한아름 차려두고
갓 지은 따뜻한 쌀밥과 잡채 한 상 차려두고

"맛있을 때 많이 먹어라."
"우째끼나 더 먹어라."라고
늘 말씀하시던 엄마를 초대해
마음껏 이야기 나누고 싶은 날
마음껏 손잡고 산책하고픈 날

오늘은
엄마가 너무너무 보고 싶은 날

엄마의 자리

엄마의
그 찬란한 자리를
나는 이제야
알았습니다

푸르른 광야의 나무처럼
부드러우면서 강하셨는데
잔잔한 바다가 되어가시는
엄마의 미역빛 시간

앞서가는 세월이야
돌이킬 수 없을까

아낌없이 많은 것을
내어주시고
또 내어주신 엄마

세월 속에
모두가 변했어도
나는 엄마의
그 빛나는
자리를 사랑합니다

어느 봄날
뜰 앞에 핀
작약이
함박웃음 터뜨리고
산들바람에
불어오는 엄마 향기
코끝에 묻힙니다

이 세상 최고의
다정천사 귀여운 우리 엄마

할머니의 빠다코코넛

어릴 적
시골에 계시던
할아버지께서
우리 집에 오시면
할머니께서
보내 주시는
과자가 꼭 있었다
그것은 빠다코코넛

어린 시절엔
먹을 것이 생겨서
순간 좋았고
할머니의 마음이
단순히 감사하기만 했었다

하지만
이젠 안다
할머니의 깊은 사랑을
따뜻하다 못해
뜨거운 할머니의
손자 사랑 그 마음을

내 어린 시절에
가장 따사로운
행복의 기억

"보고픈 할머니
잘 계세요?
저 할머니께 배운
그 크신 사랑을
잘 기억하고 있어요
그리고 받은 사랑을
타인에게 베푸는 삶을
살려고 노력하고 있어요
할머니 보고 싶어요
할머니 사랑해요
그곳에선 평안하세요"

할머니의 영정 사진

가끔 할머니 댁에 가면
꼭 하는 나만의 인사가
있어요

외로움이 켜켜이
묻어 있는
할머니의 방에 있는
영정 사진에
인사하기

그곳에는
곧 마감하게 될
자신의 생을 위해
미리 준비해
찍어두신
영정 사진이
있지요

할머니의 주름살과
흰머리로 인해
내가 있음을
이제야 알겠습니다

흰머리가 성성하신
할머니의 영정 사진이
너무나도 아름다워
할머니의 고운 미소 등지고
휴지가 불어터져라
나는 울었어요

그리움이 덩어리가
돼 버린 지금
꽃이 떠나버린
살구나무 가지 사이로
할머니 얼굴이 보이네요

새순 돋아나는
또 한 번의 그리움

외숙모의 콩시루떡

밭고랑 만들어
까만 비닐 덮고
양파 모종 심어다
흙으로 골고루 덮어주고

꺼지지 않을 것만 같던 해
마음밭까지 깊숙이 떨어질 때
집으로 돌아와
쓸쓸한 쌀밥 한 그릇
쓸쓸한 반찬 두 가지

허기만 면하고
고부랑 허리로
또 무언갈
열심히 정리하시며
주름진 손으로
인정을 묻히신다
그 깊은 인정이
이젠 모두 외숙모의
삶이 되었다

콩고물이 가득한
콩시루떡을 먹을 때면
"오야~ 많이 무라"라고 하시며
나를 참 많이도 이뻐하시던
우리 외숙모
내가 달라고 하는 것들
그 어떤 말씀 한번 안 하시고
일체 다 주셨던 창녕군 최고의
다정천사 우리 외숙모
그 어느 꽃내음보다
다정한 우리 외숙모

우리 외숙모가 해 주셨던
그 콩시루떡이
그 어떤 떡보다 맛있다
그 어떤 떡보다 인정 있다

# 4부

그대 가슴이
푸른 하늘이 된다면

좋은 사람

내 마음이 하는 이야기에
청진기를 댄 듯
찬찬히, 자세히
귀 기울여 주는 슬거운 당신은
내게
세상을 덮을 만큼 좋은 사람

있잖아

너 그거 아니?
넌 내가 붙잡고 싶은
가장 큰 행운(lucky)이야!

저 문

저 문을 열고
걸어 들어올 사람이
바로 당신이었으면

너의 봄이 되고 싶어

바람이 너무 시원해
내 발걸음 가벼워지고
너를 보면 봄이 되는 나
너의 얼굴 떠올라

말할 수 있을까
너와 함께라면
봄이 되는 내 마음

아직 말하진 못했지만
지금 내 곁에
그대가 있다면
말할 수 있을까

무지갯빛 하늘
낮게 흐르는
이 바람과 함께
너의 웃음 본다면
나는 너를 정말 사랑한다고
너의 봄이 되고 싶다고
마음 빛나는 사랑이
내게 있다고

고슴도치의 사랑

고슴도치야
넌 언제 그렇게 큰 사랑법을 배웠니?
가깝지도 멀지도 않게
적당한 거리를 두고
오랫동안 건강한 사랑을
실천하는 너를 보며
많은 것을 배우고
생각하게 되어
고마워

고슴도치의 사랑 2

숨어 버렸네요
당신께 드리려고
밤새 쓴 편지와
꽃다발을 품에 안은 채
난 또 숨어 버렸네요

내 마음은
하나도 못 보여드린 채
난 오늘도
숨어 버렸네요
아무런 의미 없는
부끄러움 많은 가시가
되어 버렸네요

동행

어느 날 우리
연지 곤지빛 마음을 품고
사랑을 시작했지
서로의 징검다리가 되었지

이제 우리는
같은 곳을 바라보고
같은 꿈을 꾸며
나란히 걷고
모든 것을 나누며
함께 흘러가려 한다

이제 우리는
사랑으로 영글게 하는
서로의 다정한 마술사
서로를 바라보며 맞이하는
영원한 아침
서로의 열쇠가 된다
둘만의 향기가 된다

내가 널 얼마나 좋아하는지

너와 함께할 때
정말 이상하게도
난 바보가 돼 버려

세상을 다 가진 이 느낌
모든 근심 걱정
다 사라진 이 느낌
너도 나와 같은
생각을 하는 건지 어떤 건지

내가 널 얼마나 좋아하는지
내 마음 아는지 모르는지
온통 네 생각뿐인 나
매일매일 웃음이 나

포근 상큼한 이 느낌 속에
하루 종일 웃음 지어져
내가 너와 마주보며
사랑할 수 있어서
얼마나 행복한지
얼마나 좋은지

웃음이 물들어 나간다

서로가 잊기 위해
켜지 않는 불
손에도 마음에도
잡히지 않는 것

붙잡지도 못하는 것을
어쩌려고
마음엔 흔적을 남기나

내가 만난
여러 세상 중에
그대 품속 세상이
제일 어려웠어도
추억 빛깔 웃음이
물들어 나간다
푸르게 푸르게
동그랗게 동그랗게

큐비츠
(cubits(유대어): 시시한 이야기)

사소하고 시시한 이야기를
조잘조잘 말할 수 있고
서로 놀려먹을 수 있는
아주 편안한 사람

일상의 행복은
멀리 있는 것이 아니라
가까운 사람과
시시콜콜한 이야기를
나누는 데서 오는 사소함

특별한 의미 없이 웃고 떠드는
소소한 그 시간이야말로
우리 인생을 지탱하게 하는 큰 힘이죠?
서로에게 큐비츠 어때요?

나는 네가 좋다

나는 네가 좋다
학교 가는 길에
너를 만나서 더 좋다
'언제 올 거야?'
'오는 길에 또 볼 거지?'
의문 가득한
사랑스런 표정으로
나를 바라봐줘서 좋다

나는 네가 좋다
어릴 적
나를 부르던
우리 엄마
손짓이어서 좋다
아버지께서
다려주시던
푸른 교복
셔츠 색깔이어서 좋다

남들 다 앞다퉈
떠남을 실천할 때
넌 온전히 남아서
기다리는 자의
마음을 벌써부터
헤아리고 있구나
조용한 마음 날개를
펴는구나

길지 않은
우리의 만남이었지만
잠시 나의 발길을 잡아
좋은 생각으로
물들게 만든
나는 네가 좋다

당신처럼 좋은 사람도 없을 텐데

당신이 얼마나 나를
사랑하는지 알기에
내 마음
이러면 안 되는 걸
잘 알고 있는데
왜인지 당신만 보면
미안함에 눈물이 나네

한때의 나는
당신이 아니면
안 될 것만 같았는데

나의 단점도 따스히
안아 준
그대의 큰 사랑에
감사한 마음까지만
머물게 되길
바라고 바랐는데

당신만을 바라보며
내 마음을
이제 나조차 모르겠어요
당신처럼 좋은 사람도 없을 텐데
당신처럼 잘 웃어줄 사람도 없을 텐데

사랑의 단점

사랑이란 건
한 공간에 있는 공기를
나눠마셔야 하기에
답답할 수밖에 없는 것

사랑이 아프다

그 사람 때문에
내가 웃고 울고
아름다운 꿈도 꿨는데
그 사람이 멀어져간다

난 어찌할지 몰라
가만히 숨죽여
바라보기만 할 뿐

그 사람 내 가슴에
심장처럼 그대로인데

점점 작아져만 가는
그 사람 뒤에서
하릴없이 날 던져봐도
안개처럼 멀어져만 간다

벚꽃 날리던
길을 함께 걸으며
행복해하던
그 봄날이
그립고 그립고 그립다

어느새
별이 찾아와
가난한
유리창에 안긴다

그 봄날
이별 벚꽃이
눈물에 날린다
사랑이 아프다

너의 향기

나를 떠나
너는 지금
무얼 하고 있을까
나는 이렇듯
너를 그리워하고 있는데

바람 부는 바닷가를
걷고 있는 나의 심정을
너는 알고 있을까
저 사람들은 알고 있을까

내 마음이 가는 곳에
언제나 너의 향기가 있고
나의 슬픈 하루가 가면
또 다른 슬픔이
나를 기다리지

널 향한 내 마음
다시 돌아갈 수는 없을까
지우고 가지
지워버릴 수도 없는데

두 눈을 감고 있어도
보이는 너는
점점 흐려져 가잖아

너의 진한 그 향기가
나를 슬프게만 해

너와 거닐던
이 바닷가를 다시
거닐 수 있다면
얼마나 눈물이 날까
하늘만 바라보며
눈물 흘리네

추억도 사랑도 이별도 그때가 좋았어

헤어졌던 날
너를
그리워하다
미워하다
마음 아파하며
긴 밤 보내던
지난날들의 하루
이젠 모두 오래전의
일인 것만 같네

가끔 내게
뜻 모르게
찾아오는 슬픔
너의 빈자리
한없이 허전해도
다시 네가 나에게
올 것만 같은
왠지 모를 마음들

떠나가는 배처럼
한 번 가면
올 줄 모르는
시간의 세월을
무엇으로 채울까
빈 가슴에 고이는
추억뿐이네

너를 향한 그리움
난 외롭지 않았기에
추억도 사랑도 이별도
그때가 좋았어

네가 없는 슬픈 현실에
익숙해져 서글퍼지지만
우리의 추억만은
나와 언제나
다 함께할 테니
추억도 사랑도 이별도
그때가 좋았어

사랑했던 날들만큼

사랑했던 날들만큼
그대가 보고 싶고
그리워했던 날들만큼
그대를 다시 만나고프고

사랑했던 날들만큼
그대를 기다릴 것 같아
나의 뜻대로 되지 않는
내 마음을
나도 알 수가 없지

고요하고 쓸쓸한
내 가슴에
바람 한 점 없는
사막 속 내 가슴에
떠나지 않는 그대 모습

그대 다시 돌아와
바보 같다 말하더라도
당신만을
하세월 그리워하는 내 마음

사랑하는 마음

내가 본 멋진 풍경을
너도 보았으면 하고
내가 간 좋은 장소에
다음엔 너와 함께 오고 싶고
내가 맛본 맛있는 음식을
언젠간 너도 먹게 해 주고 싶고
이렇게 귀하고 예쁜 걸
함께 나누고 싶은 마음

첫사랑

새싹의 언저리에 맺힌
수줍은 새벽이슬

당신은 금방 오시겠죠?

가을 바람 가득한
떡갈나무 숲에서
오랜 시간 하늘을 바라봅니다

사랑은
미워하고 그리워하지만
기다림은
오고야 마는
조용한
아침 햇살입니다

사각사각 나뭇잎 부딪히는 소리
계속 듣고 있으면
당신은 금방 오시겠죠?

핑크 렌즈 효과

우리가
사랑에 빠졌을 때
그 사람의 좋은 점만 보이고
뭘 해도 사랑스러워 보이는
핑크 렌즈 효과

950일 정도가
콩깍지라고 불리는
이 효과의 유효 기간

그 핑크 렌즈가
사라지고 난 뒤에는
상대방의 좋지 않은 점만
보인다고 하는데
그 순간부터는
우리는 부단한
노력을 해야 해요

상대방이
내가 생각했던 것과
조금 다르고 실망스럽더라도
그 다름을 인정하고
맞춰나가기 위해서
애를 써야 한다는 거
기다려줘야 한다는 거

그 순간부터가
진짜 관계라고 생각해요
마음 설레고
가슴 떨리는 관계의 시간은
이제 지나갔지만
누구보다 편안하고
믿을 수 있는 사이

여러분 곁에
그런 푸른 소나무 같은 사람이
유년 시절부터 쭉 봐와서
믿을 수 있는
친구 같은 사람이
계시길 바랍니다

6월의 꽃바람

꽃바람 불었어라
꽃잎 날렸어라
꽃향기에 만취하여라

석류알 익어가는
축복의 한나절
창문을 열고
하늘을 바라보는

목마르지 않은
대지 위에
마거리트 꽃이 인사하는

내게 6월은
아카시아 향에 취해
단잠을 잔 것 같은 나날들
나는 지금
꽃술에 숨을 쉬고 있어라

꽃잎이 날리는
그대가 날리는
이런 따사로운 꿈같은
날씨와 세상 속에
하루의 봄빛 가운데
나는 온통 그대 생각뿐이어라

깊은 슬픔(淚)

어길 수 없는 그날의 약속
그 끝을 알 수 없는 기다림

되돌아오리라는 약속은
기억 속 저편에 버려진 채
내겐 깊은 슬픔의
진한 눈물 흔적뿐

슬픈 웃음소리만이
빈 하늘에 메아리친다

너와의 행복한 추억은
가슴속 깊이 묻고
돌아오는 저녁

붉은 노을에 비친
하이얀 달맞이꽃이
그날의 약속을 지키듯
서럽게 피어 있었다

그대의 슬픈 노래는
부르지 못할
먼 노래가 되었다

이별 image(꽃잎)

이별하고 있다
꽃잎도 나뭇잎도
서서히 모습을
잃어가고 있다

이별하고 있다
너와 나의
추억도 사랑도
빛을 잃어가고 있다

사랑의 꽃잎이 필 땐
이토록 쓰라린 아픔
없을 줄 알았건만

수줍은 속삭임 속에
영원하리라 믿었던
나의 영롱함도
소멸되어 간다

이별하고 있다
꽃잎도 나뭇잎도
어느새 떨어져
빛을 잃어버렸다

가지마다 부딪치는
가냘픈 휘파람 소리
가을 숲도 슬프고
노래도 슬펐다

그대 가슴이 푸른 하늘이 된다면

그대 가슴이
푸른 하늘이 된다면
난 그대 푸른 하늘로 날아가
헤어져야 한다는
이별의 뜨거운 눈물
그대 넓은 하늘
그곳에 높이 감춰 묻어두고
함께 훨훨 날고 싶은데
왜 그댄 자꾸
슬픔만 남겨놓고
내게서 멀어져만 가나

조금만 더
그대의 하늘 품 안에서
마음껏 날아다니고 싶어
언제나 환하게
나를 맞이해 주던 그대를
나를 바라봐 주던 그대를
떠날 수 없어
난 여전히 그대를 사랑해

멀어져 가지 마 그대
낯선 눈빛만 남겨놓고
멀어져 가지 마 그대
슬픔만 남겨놓고

모든 것이
내 눈앞에
짙은 안개로
흐려져만 가네

그리운 그대에게

생각만으로도
큰 힘이 되는 당신
잘 지내고 계시죠?

저는 당신과 함께한
추억을 머금고
잘 지내고 있답니다

언젠가
당신의 미니홈피 제목이
'저는 지금 천사를 만나고 있습니다.'
였던 거 기억해요?
그때 저 정말 좋았었는데….

전 당신과 함께했던
모든 추억 중
이 기억이
우리 만남의 큰 제목처럼
제게 남아 있답니다

생각만으로도
정말 큰 힘을 주시는 당신
나를 참 많이도 좋아해
주었던 당신

나의 가장 멋지고 예쁜 날에
당신을 만나
세상에서 가장 행복한 남자로
살게 해줘서 눈물 나게 고마워요

지금도 어딘가에서
그 어떤 이에게
따뜻한 마음과 추억을
선사해 주시며
아름다운 모습 그대로
변함없으시길
간곡히 기도해요

건강하고
행복하시길요
정말 고마웠어요